Inhalt

Die Ölpreisentwicklung und die Auswirkungen auf die Weltkonjunktur

Kernthesen

Beitrag

Fallbeispiele

Weiterführende Literatur

Impressum

Die Ölpreisentwicklung und die Auswirkungen auf die Weltkonjunktur

S.Naujoks

Kernthesen

- Als Hauptursache für die derzeitig hohen Ölpreise werden fehlende Investitionen in die Ölproduktion angesehen, was zu Kapazitätsengpässen auf den Rohölmärkten geführt hat. (2)
- Spekulative Geschäfte mit Öl-Futures lassen den Preis für Rohöl ebenso steigen wie Unsicherheiten auf der Angebotsseite wie z.B. im Fall des russischen Ölexporteurs Yukos, Streiks der Erdölindustrie wie z.B. in Nigeria oder Norwegen, sowie die politischen Konflikte in der Golfregion. (2),

(7), (14), (17)
- Die weltweiten Auswirkungen hoher Ölpreise in den einzelnen Ländern fallen unterschiedlich aus, jedoch lautet eine Faustregel: Steigt der Preis pro Barrel Rohöl um 10$ sinkt das erwartete Wirtschaftswachstum um einen halben Prozentpunkt. (5), (14).
- Solange nicht klar ist, ob die aktuelle Ölpreiserhöhung dauerhaft oder nur vorübergehend ist, sind die Folgen für die Weltkonjunktur nur schwer prognostizierbar. (4), (19)

Beitrag

Der Ölpreis in den Schlagzeilen

Der Preis für Rohöl hat sein Rekordhoch von über 50$ pro Barrel (ca. 159 Liter) erreicht. Aufgrund der nach wie vor anhaltend hohen Ölpreise haben die Chef-Volkswirte namhafter Banken sowie die führenden Wirtschaftsinstitute ihr bisher prognostiziertes Wirtschaftswachstum deutlich gesenkt. (1) Wie kam es zu dieser extremen Preisentwicklung auf dem Weltmarkt für Rohöl und welche Auswirkungen wird dies auf die Weltkonjunktur haben?

Ursachen der aktuellen Ölpreisentwicklung

Erklärungsansätze für die anhaltend hohen Ölpreise reichen von Kapazitätsengpässen der Ölproduzenten, fehlenden Investitionen in die Ölproduktion, spekulativen Termingeschäften mit Öl-Futures bis hin zu Unsicherheiten auf der Angebotsseite:

- Kapazitätsengpässe der Ölproduzenten
In der Vergangenheit herrschten auf dem Ölmarkt Überkapazitäten. Bei vorübergehenden Produktionsausfällen konnte einem Preisanstieg aufgrund dieser Überkapazitäten auf zwei Wegen entgegengewirkt werden: Entweder durch eine Verringerung der vorhandenen Lagerbestände (Feinsteuerung des Marktes) oder durch eine Ausweitung des Ölangebotes (Grobsteuerung des Marktes). (2) Der weltweite Aufschwung im Allgemeinen und China mit seinem extrem hohen Rohstoffbedarf im Speziellen hat dazu geführt, dass die Nachfrage nach Rohöl massiv gestiegen ist und keine allzu großen Überkapazitäten mehr bestehen. Steht einer extrem starken Nachfrageerhöhung nun ein relativ starres Angebot gegenüber, bedeutet das zunächst Preiserhöhungen. (2)

- Fehlende Investitionen in die Ölproduktion
Die OPEC-Länder produzieren mit Ausnahme von Saudi Arabien und den Vereinigten Arabischen Emiraten an Ihren Kapazitätsgrenzen. (14) Für eine Ausweitung der Kapazitätsgrenzen wären aber bei Zeiten Investitionen erforderlich gewesen. In Zeiten der New Economy schienen aber Investitionen in die Hochtechnologie rentabler als in den altmodischen Rohstoffsektor. (2) Gegen Investitionen sprachen auch die vergleichsweise moderaten Ölpreise in der Vergangenheit, denn nur langfristig hohe Preise geben den Unternehmen genügend Planungssicherheit um in Projekte zu investieren. Des Weiteren sind auch die Erschließungskosten in den letzten Jahren sehr gestiegen, was bei den Unternehmen auch zu Zurückhaltung führte. (2)

- Spekulative Termingeschäfte auf den Ölmarkt
Politiker, Banken und Wirtschaftsinstitute sehen in dem erhöhten Ölpreis auch einen Preisaufschlag auf den Ölpreis (Risikoprämie), der aus einer Reihe von spekulativen Termingeschäften auf Öl-Futures resultiert. Diese These scheint aber fraglich, da Termingeschäfte von Spekulanten immer schon zu Ölpreisschwankungen geführt haben und die aktuellen spekulativen Positionen in Öl-Futures seit Mai um die Hälfte gesunken sind, der Ölpreis seit dieser Zeit aber von 38 auf 52 Dollar gestiegen ist. (2)

- Unsicherheiten auf der Angebotsseite:
Als ein weiterer Auslöser für die aktuelle Ölpreisentwicklung wird auch der Fall Yukos in Russland gesehen. Russland ist der zweit-größte Erdöl-Exporteur der Welt (www.opec.org) und Yukos als größter russischer Ölexporteur ist derzeit in ein Justizchaos verwickelt, das einen Zusammenbruch des Konzerns bedeuten kann. (15) Auch die politischen Konflikte in der Golfregion sowie Streiks in der Erdölindustrie wie zuletzt in Nigeria oder Norwegen beeinflussen die Ölmärkte. (7), (14), (17)

Auswirkungen auf die Weltkonjunktur

Grundsätzlich werden durch einen hohen Ölpreis die Unternehmensgewinne geschmälert und die Reallöhne belastet. Dies bremst die privaten Konsumausgaben und die Investitionen der Unternehmen. So weisen derzeit weltweit einzelne Länder deutliche Rückgänge bei den Auftragszahlen oder Exportwerten auf. (13) Dies schmälert natürlich die weltweiten Konjunkturerwartungen. (1), (3)

Hohe Ölpreise führen auch zu einer steigenden Angst vor Inflation. So können durch die hohen Ölpreise sog. Zweitrundeneffekte in Gang gesetzt werden: Ein hoher Ölpreis führt zu höheren Preisen, welche wiederum die Reallöhne sinken lässt. Würden nun Forderungen nach höheren Löhnen durchgesetzt, würden wiederum die Preise ansteigen. (4), (9) Um einer solchen Inflationsspirale vorzubeugen, müssten die Notenbanken die Zinsen erhöhen, was wiederum den Konsum und die Investitionen bremsen würde. Dies wäre dann aber wieder schlecht für die Konjunktur. (5)

- Die Auswirkungen in Europa
Das Zentrum für Europäische Wirtschaftsforschung (ZEW) prognostiziert im Rahmen seines ZEW-Konjunkturbarometers, dass der Ölpreisanstieg die Konjunktur stärker bremsen könnte als bislang vermutet. (1) (7) Das aktuelle Herbstgutachten der sechs führenden Wirtschaftsforschungsinstitute sagt bspw. für Deutschland für das laufende Jahr ein Wirtschaftswachstum von 1,8 % voraus und für 2005 nur noch 1,5%. Als Ursache hierfür wird u.a. auch der derzeit hohe Ölpreis angeführt. (6) Auch in Frankreich verzeichnete die Industrieproduktion im August den stärksten Rückgang seit 16 Monaten. (7) Einerseits herrschen in Europa also eher negative Konjunkturerwartungen aufgrund der hohen Ölpreise, andererseits könnte Europa aber auch davon profitieren, dass die Öl-exportierenden Länder ihre unerwartet hohen Einkommen für den Kauf

europäischer Güter ausgeben. (1)

- Die Auswirkungen in Amerika
In den USA sind der private Konsum und die Investitionen der Unternehmen im 3. Quartal 2004 erstaunlicherweise trotz des hohen Ölpreises angestiegen. Bei einem länger andauernden Ölpreisanstieg würden sich aber auch in den USA dämpfende Effekte auf das Wirtschaftswachstum zeigen. (8) Im Gegensatz zu den USA könnten die lateinamerikanischen Staaten von einem hohen Ölpreis profitieren, denn Länder wie z.B. Mexiko, Brasilien und Venezuela verfügen über große Ölvorkommen, die sie auch exportieren. (10) Die Kaufkraft könnte aufgrund des hohen Ölpreises deswegen vorübergehend auch in diese Länder abfließen. (9)

- Die Auswirkungen in Asien
Japan ist als Exportland von der Kaufkraft anderer Länder (allen voran Amerika und China) sehr stark abhängig. Geht die Konjunktur weltweit zurück, sinken auch die Exporte in Japan. Prognosen gehen daher davon aus, dass die japanische Konjunktur negativ beeinflusst werden würde, wenn der Ölpreis länger bei über 50$ bleiben würde. (11) Allerdings befindet sich Japan in Relation zu anderen Ländern aber noch in einer komfortablen Lage, denn die Wirtschaft arbeitet bedingt durch hohe

Energiesteuern sehr energieeffizient. So werden bspw. in Japan Autos gebaut, die sehr energie-sparsam sind. Diese Autos sind dann in Zeiten hoher Ölpreise ein echter Exportschlager. (12)

Die wirtschaftlichen Auswirkungen eines hohen Ölpreises auf die einzelnen Länder sind durchaus vielfältig. Eine grundsätzliche Faustregel lautet aber: Steigt der Preis pro Barrel Rohöl um 10$ sinkt das erwartete Wirtschaftswachstum um einen halben Prozentpunkt. (5), (14).

Offene Punkte
- Unklarheit herrscht derzeit vor allem darüber, ob die aktuelle Ölpreiserhöhung dauerhaft oder nur vorübergehend ist. Davon abhängig sind aber die damit verbundenen Konjunkturerwartungen.
- Verschiedene Auffassungen gibt es auch darüber, ob und wie es wieder zu niedrigeren Ölpreisen kommen kann: Die einen sagen, durch eine Ausweitung der Ölproduktion (2), (5), die anderen sagen, dass der hohe Ölpreis nur spekulativer Natur ist. (3), (18) Wieder andere sagen, dass das Öl aufgrund der höheren Erschließungskosten in der Zukunft in jedem Fall mehr Geld kosten wird. (16)

Fallbeispiele

Eine wichtige Organisation auf dem weltweiten Ölmarkt ist die OPEC (Organization of the Petroleum Exporting Countries). Die OPEC wurde 1960 gegründet und ist die internationale Vereinigung 11 Öl-exportierender Länder. Hauptziel der OPEC ist es, stabile Preise auf dem Ölmarkt sicherzustellen. (www.opec.org)

Die OPEC-Länder sind: Venezuela, Nigeria, Algerien, Libyen, Saudi Arabien, Vereinigte Arabische Emirate, Kuwait, Qatar, Irak, Iran, Indonesien

Neben den OPEC-Ländern produzieren z.B. noch Russland, USA und China beträchtliche Mengen an Öl. Diese Länder gehören zusammen mit den zwei OPEC-Ländern Saudi Arabien und Iran zu den Top 5 der weltweit größten Ölproduzenten. (www.opec.org)

Weiterführende Literatur

(1) Banken senken Wachstumsprognosen
aus Financial Times Deutschland vom 13.10.2004,
Seite 16

(2) Die Zeit des billigen Öls ist wohl endgültig vorbei
aus Frankfurter Allgemeine Zeitung, 14.10.2004, Nr.

240, S. 21

(3) Sobolewski, Matthias, Ölpreis lässt Konjunkturhoffnungen schwinden, Bonner General-Anzeiger, 13.10.2004, S. 20
aus Frankfurter Allgemeine Zeitung, 14.10.2004, Nr. 240, S. 21

(4) EZB-Rat zweifelt an Stärke des Konjunkturaufschwungs Trichet warnt erneut vor einigen Inflationsrisiken - Leitzins bestätigt
aus Börsen-Zeitung, 08.10.2004, Nummer 195, Seite 7

(5) Frey, Hanspeter, Prof. Thomas Straubhaar vom HWWA-Institut über die Folgen der Ölpreishausse für Wirtschaft und Finanzmärkte, Finanz und Wirtschaft, 25.08.2004, S. 36
aus Börsen-Zeitung, 08.10.2004, Nummer 195, Seite 7

(6) Machold, Ulrich, Reiermann, Christian, Institute sagen in ihrem Herbstgutachten 1,8 Prozent Wachstum voraus 2005 wird es noch weniger, Welt am Sonntag, Jg. 57, 17.10.2004, Nr. 42, S. 1
aus Börsen-Zeitung, 08.10.2004, Nummer 195, Seite 7

(7) Teures Erdöl schlägt auf die Konjunktur durch Alarm: Frankreichs Industrieproduktion im freien Fall
aus WirtschaftsBlatt, 13.10.2004, Nr. 2222, S. 115

(8) Die Weltwirtschaft trotzt den hohen Ölpreisen KONJUNKTUR / In den nächsten Wochen werden die

Wachstumszahlen für das dritte Quartal gemeldet. In den USA und Japan hat sich das Tempo des Aufschwungs wieder beschleunigt, in Euroland blieb es moderat.
aus Börse Online vom 14.10.2004, Seite 70

(9) Reden übers Öl
aus Financial Times Deutschland vom 14.10.2004, Seite 27

(10) Lateinamerika boomt. Das hat die Wirtschaft Europas bislang nicht recht erkannt - und verpaßt eine echte Chance Die Tiger aus dem Süden
aus Die Welt, Jg. 59, 15.10.2004, Nr. 242, S. 16

(11) Japan zuerst, erst dann Europa und die USA Marktausblick: Konjunktureller Aufschwung wird sich auch 2005 dank der Exporte fortsetzen
aus WirtschaftsBlatt, 13.10.2004, Nr. 2222, S. 123

(12) Richard C. Koo, Chefökonom des Nomura Research Institute, über den Aufschwung in Nippon und die Perspektiven der USA und Chinas, Finanz und Wirtschaft, 06.10.2004, S. 32
aus WirtschaftsBlatt, 13.10.2004, Nr. 2222, S. 123

(13) Paul, Holger, Der hohe Ölpreis führt die Märkte an den Scheidepunkt, Stuttgarter Zeitung, 14.10.2004, S. 15
aus WirtschaftsBlatt, 13.10.2004, Nr. 2222, S. 123

(14) Mettler, Barbara, Neinhaus, Andreas, Der hohe

Rohölpreis bremst den Aufschwung, Finanz und Wirtschaft, 06.10.2004, S. 29
aus WirtschaftsBlatt, 13.10.2004, Nr. 2222, S. 123

(15) O.V., Ungebremster Höhenflug der Ölpreise Weltwirtschaftsinstitut sieht Aufschwung 2005 in Gefahr, Wiesbadener Kurier, Main-Taunus-Kurier, 07.08.2004
aus WirtschaftsBlatt, 13.10.2004, Nr. 2222, S. 123

(16) Spekulanten beherrschen den Ölmarkt Immer neue Rekorde beim Preis des wichtigsten Rohstoffs - Auch fundamental kein Grund zur Entwarnung
aus Börsen-Zeitung, 13.10.2004, Nummer 198, Seite 17

(17) O.V., Neue Rekordwerte Ölpreise klettern weiter und bedrohen Konjunktur, Leipziger-Volkszeitung, 13.10.2004, S. 6
aus Börsen-Zeitung, 13.10.2004, Nummer 198, Seite 17

(18) O.V., Hoher Ölpreis dämpft Aufschwung, Frankfurter Neue Presse, Gemeinsame Ausgabe, 13.10.2004, S. 6
aus Börsen-Zeitung, 13.10.2004, Nummer 198, Seite 17

(19) Zinsopfer für die Ölpreishausse
aus Frankfurter Allgemeine Zeitung, 14.10.2004, Nr. 240, S. 19

Impressum

Die Ölpreisentwicklung und die Auswirkungen auf die Weltkonjunktur

Bibliografische Information der deutschen Nationalbibliothek

Die Deutsche Nationalbibliothek verzeichnet diese Publikation in der deutschen Nationalbibliografie; detaillierte bibliografische Daten sind im Internet über http://dnb.d-nb.de abrufbar.

ISBN: 978-3-7379-1597-7

© 2015 GBI-Genios Deutsche Wirtschaftsdatenbank GmbH, Freischützstraße 96, 81927 München, www.genios.de

Alle Rechte vorbehalten. Dieses Werk ist einschließlich aller seiner Teile – z.B. Texte, Tabellen und Grafiken - urheberrechtlich geschützt. Jede Verwertung außerhalb der Grenzen des Urheberrechtsgesetzes bedarf der vorherigen Zustimmung des Verlags. Dies gilt insbesondere auch für auszugsweise Nachdrucke, fotomechanische

Vervielfältigungen (Fotokopie/Mikroskopie), Übersetzungen, Auswertungen durch Datenbanken oder ähnliche Einrichtungen und die Einspeicherung und Verarbeitung in elektronischen Systemen.